# Die Fibel

erarbeitet von
Wolfgang Menzel · Jürgen Baurmann
Angelika Schuberg

grafisch gestaltet von
Angelika Schuberg

westermann

1. Auflage Druck 10 9
Herstellungsjahr 1994 1993 1992
Alle Drucke dieser Auflage können im Unterricht parallel verwendet werden.



Herstellung: westermann druck GmbH, Braunschweig

ISBN 3-14-**110075**-6

Toni
malt
Fine

Fine
malt
Toni

Trr
Trrr
Stundenpla
Mo Di Mi Do Fr
Paste
TOLLE Preise
Tip Top
1
TOLLE Preise
Tip Top
TOTO
Tip Top
1
Tina

T

Fi ni
To ne
Ti no
Fin
Fine
Tina
oi noo
iion
To
ne

n

Namen
Nino Hanna
Simone
Fine
Florian
Lena
Nino
Fara
Tino
Mar
Anne
Sascha

N

auf dem Foto
ist Fine

auf dem Foto
ist Toni

Foto
oto
to
o
Fine
ine
ne
e
Foto
oto
to
o
Toni
oni
ni
i
F
Fo
Fot
Foto
To
To
Ton
Toni
F
Fo
Fot
Foto
To
Fi
Ton
Fine

Toni malt ein 

Nino malt 

Fine malt ein 

in ein  von Nino

das Tor ist rot

das T ist rot

das N

Fine und Berti
spielen
Boot.
Das Boot ist rot.

Toni malt Fine.

Toni malt ein Tor.

Toni malt Berti in ein Tor.

Fine ruft:

Bett Tonne Torte
B e t
t
T o r
t e
T
n
o n e

Nino macht
ein Foto
von Enten.

En
Ent
Ente
Enten
B
Boo
Boot
Boote
T
Tor
Torte
Torten

Briefe, Briefe

ein Brief
an Toni

DBP

Bett
Brief
Torte
Tor
an Betti
Ente
Fine
Biene

ie
n
e
B
B
r
ie
f
T
ie
r

Die Affen toben und turnen.

Ein Affe hat eine Banane.

Anne malt den Affen mit Banane.

Affen toben oben im Baum,
oben im Baum toben Affen.

b

Affe
Affen
Ente
Enten
Biene
Bienen
Banane
Bananen
Ente
Boot
Ente
Boote
Brot
Brote
Brief
A
Briefe
Tor
Tore

Fine, Anne und Nino malen.
Fine malt Affen im Baum.
Anne malt den Affen mit Banane.
Nino malt ein Boot und Enten.

Und Toni,
malt Toni auch?

Robi, der Roboter, ruft:

To -To - Toni
ich bin Ro - Ro - Robi
der Ro - Ro - Roboter

Fine und Toni spielen Roboter.
Toni malt den Roboter rot an.
Fine ist im Roboter und ruft:

Betti hat Fieber.
Sie ist im Bett.

Bettis Tier Tobi
ist auch im Bett.

Aber Tobi hat nie Fieber.

ie 

Toni ruft Betti an:

2131

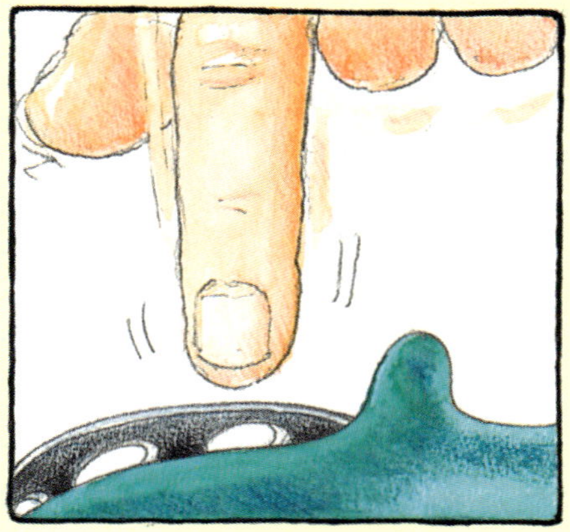

Toni ruft: Nanu!

Papa hat für Toni
eine Puppe.

Die Puppe hat
keinen Namen.
Toni sucht
für die Puppe
einen Namen
mit P.
Petra?
Pipino?

P p 

Pipino friert.
Er hat nur eine 

aus Papier.

Toni holt die Puppe ans 

Papa ruft:
Toni, paß auf!
Papier brennt!

Auf dem Auto mit

B - AU 8

ist eine Taube.

Ist das Auto
rot oder
braun?

# Baue ein Auto

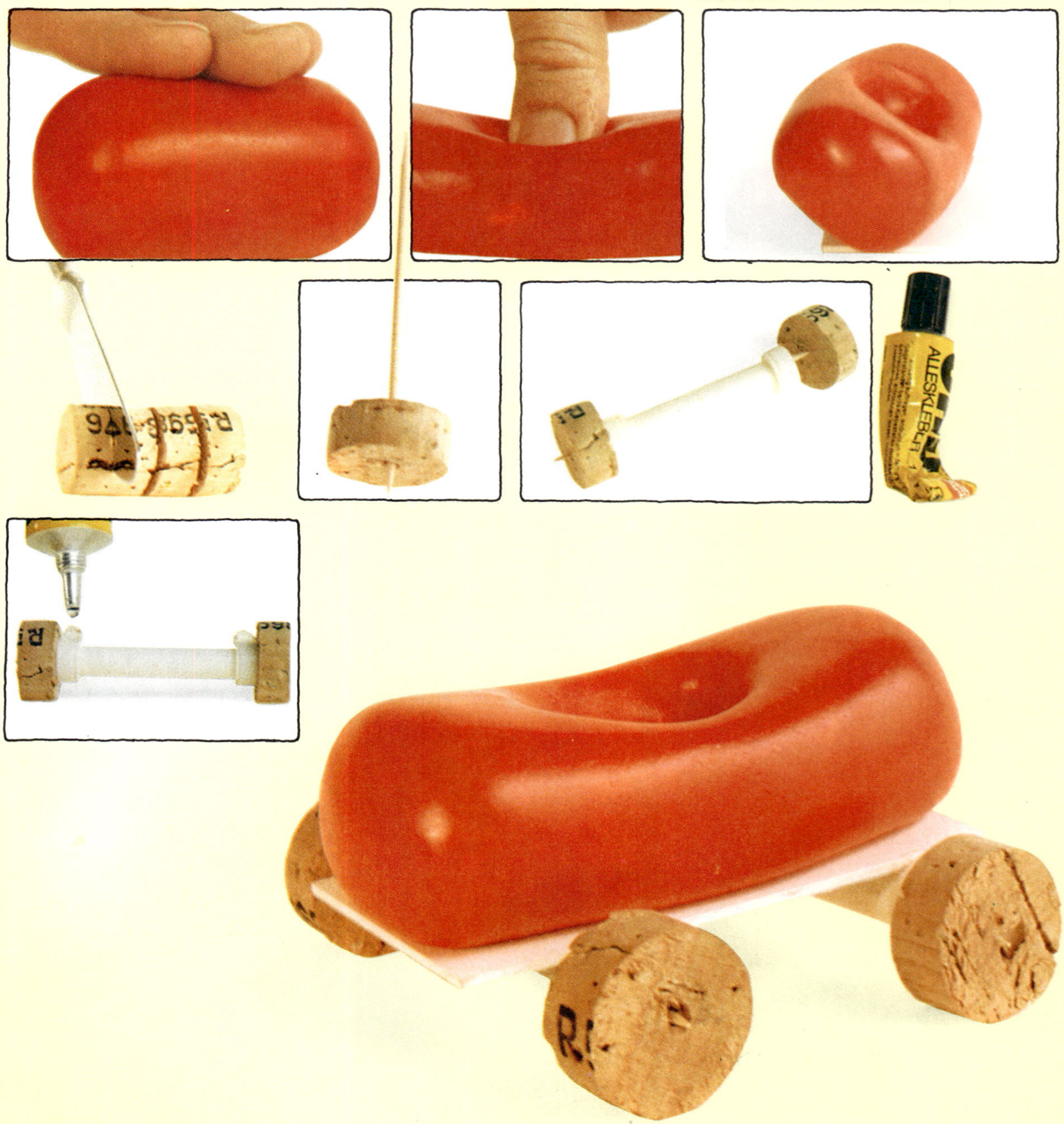

Anne legt die Puppe und die Ente
oben auf das Auto.
Puppe und Ente fallen runter.

Peter legt die Ente und die Puppe
oben auf das Auto.
Ente und Puppe fallen runter.

Anne legt nur die Ente
auf das Auto.

Die Ente fährt Auto.
Das findet sie toll.

h l

Leo bellt Uta an.
Uta hat einen Ball.

Sie tritt den Ball
und ruft:
Lauf, Leo, hol den Ball!
Der Ball rollt und rollt.
Leo rennt und rennt.
Er holt den Ball.
Uta ruft:
Toll, Leo!

Fine und Toni
reiten auf einem Muli.
Fine ruft: „Hopp, hopp!“

Da rennt das Muli los.
Fine reitet und reitet. Und Toni?

Liebe Fine!
Ich bin in den Ferien
auf einem Bauernhof.
Der Bauer hier hat ein Muli.
Auf dem Muli reite ich oft.
Hier ist ein Foto.
Deine Tante Hanna

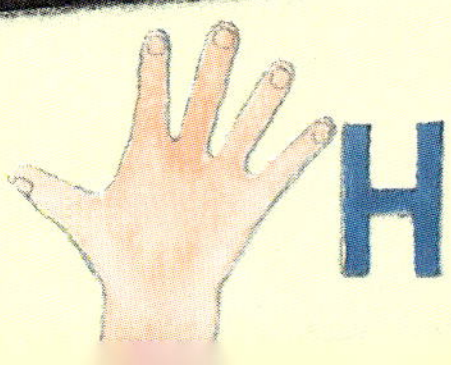

Anne malt ihr Muli braun an.
Peter malt sein Auto rot an.
Ninos Blume ist blau.
Fine malt einen Ball.
Sie nimmt die rote Farbe
und dann die blaue Farbe.
Nun ist der Ball lila.

Uta malt ihre Omi.
Sie hat braune Haare,
eine lila Brille
und einen roten Pulli.
„Das bist du!“ ruft Uta.
„Oh!“ ruft ihre Omi.

Fine und Toni
haben eine Bude gebaut,
eine Bude oben im Baum.

Oma ruft:
„Fine! Toni!“
Fine ruft:
„Wir sind hier
im Baum, Oma!“

„Dort oben?“
Da . . .

D d

# Im Baum leben Tiere.

Unter dem Baum leben auch Tiere.
Die Tiere leben vom Baum.
Der Baum lebt mit den Tieren.

# Der Baum

41

Auf dem Tisch sind drei Eier:

eins für Anne,
eins für Nora,
eins für Uli.
Anne ißt das Ei von Uli
und legt das leere Ei hin.

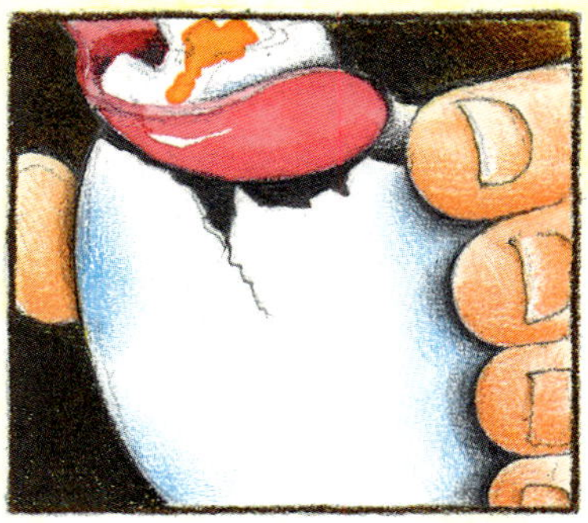

Da kommt Uli.
Aber Ulis Ei ist leer.
Uli nimmt Noras Ei.
„Halt, das ist mein Ei!"
ruft Nora.
Das Ei fällt runter.

# Kemal kauft ein

Kemal, was bekommst du denn?

Ein halbes Kilo Kaffee,
eine Limo
und ein Brot.

Ein halbes Kilo Kaffee,
ein Brot und eine Limo –
das macht elf Mark und zehn.

# Und was kaufst du?

# Kannst du zaubern?

Der Zauberer im Zirkus
hat gezaubert.
Die Giraffe ist in die Kiste gegangen,
der Papagei ist in die Kiste gegangen.
Der Zauberer hat laut
**abrakadabra**
gerufen.

Da kam aus der Kiste
ein **Gipagei** geflogen.

G g

Die Zauberkerze

Lena hat eine Kerze in der Hand.
Mit der anderen Hand
reibt und reibt und reibt sie am Arm.
„Abrakadabra, Kerze bleib kleben!“

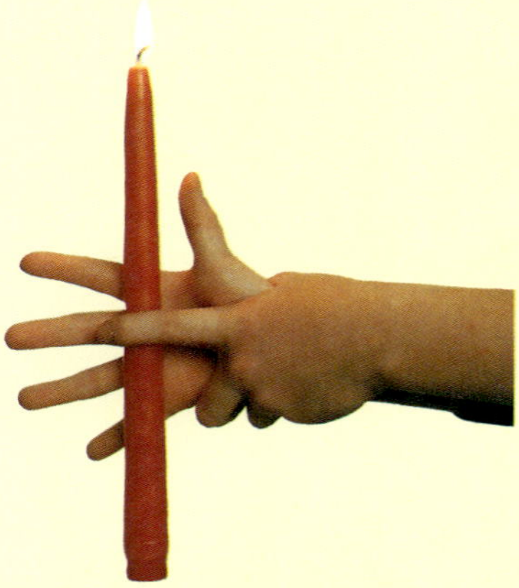

Da klebt die Kerze an Lenas Hand.

# Papier-Zoo

Die Kinder haben Tiere aus Papier
auf eine Tapete geklebt,
Giraffen, Kamele und Gazellen.
Um die Tiere kommt ein Zaun herum.
Nun kann kein Tier mehr fortlaufen.

Salate
Kemal bringt Hirtensalat mit
und Anne Obstsalat.

Die Kinder essen Salate:
Hirtensalat und Obstsalat.
Beide Salate sind gut,
sehr gut sogar.

# Obstsalat

1 Apfelsinen, Bananen und Äpfel zerteilen

2 eine Zitrone zu Saft pressen

3 dann Zucker dazugeben

4 Mandeln zerkleinern

5 zuletzt Rosinen und

6 Sahne dazugeben

# Hirtensalat

Kemal teilt zwei Zwiebeln

und zwei Tomaten.

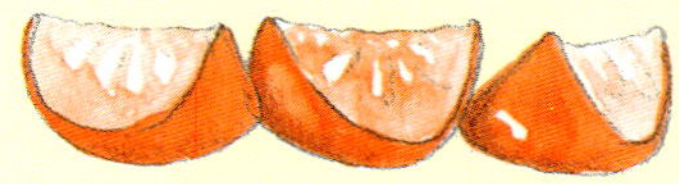

Er zerkleinert Paprika

und eine halbe Gurke.

Das alles gibt er
in Essig, Öl und Salz.

**I**m Norden bei den Eskimos
**g**ibt es nicht Stein noch Holz,
**l**ebt man in einem Haus aus Eis
**u**nd ist darauf sehr stolz.

Kennst du
den Namen von dem Haus?

Ich habe geschrieben.
Ich habe ein Wort geschrieben.
Ich habe ein Wort in den Schnee geschrieben.

Winde blasen,
Wolken rasen,
Regen, Regen.
Auf den Wegen
steht das Wasser,
die ganze Welt
wird immer nasser.

In der Nacht
bin ich erwacht.
Auf dem Dach
ein lauter Krach.
War das ein Tier mit Riesenrachen?
Oder war das gar ein Drachen?
Erst ein Fauchen, dann ein Kratzen.
Ach, das waren nur zwei Katzen!

# Sabine hat Wut

Sabine holte Marmelade aus dem Keller.
Dort unten war es dunkel und still.
Auf einmal schrie es laut hinter ihr: „Huuu!"
Das Glas fiel Sabine aus der Hand
und war kaputt.

Da kam Anne aus der Ecke.
Sie lachte und lachte.
Sabine hatte Wut im Bauch und schrie:

„Na warte, wenn ich dich kriege, dann . . ."

# Markus hat Angst

Markus lag in seinem Bett und schlief.
Auf einmal machte es wums!
Markus wachte auf.
Ein riesiges Tier lag auf seinem Bett.

Vor Schreck kroch er unter die Decke.
Das Tier lag auf ihm. Es bewegte sich nicht.
Markus atmete kaum.
Doch dann machte er das Licht an.
Und was sah er da?

Es war der dicke schwarze Teddy.
Der war aus dem Regal gefallen.

Markus sagte zu dem Teddy:
„Du dummer Kerl!
Was machst du denn für Sachen!“

Anne hat ein Brüderchen bekommen.
Sie steht am Körbchen und sagt:
„Ich habe eine Nase – Martin hat ein Näschen.
Ich habe Ohren – Martin hat Öhrchen.“

Wenn Martin lacht,
hat er neben dem Mund zwei Falten.
Die Mutter sagt: „Das sind Grübchen.“
„Solche Falten habe ich auch!“ ruft Anne.

„Wie heißen die Grübchen
denn bei mir?“

Ää Öö Üü

Markus hat Geburtstag

Jutta fragt Markus: „Wie alt bist du denn jetzt?“
Markus sagt: „Rate mal.“
Jutta rät: „Sieben Jahre.“
Markus schüttelt den Kopf.
Da sagt Jutta: „Sechs Jahre.“
Markus sagt: „Nein, viel älter.“

Da lacht Jutta:
„Dann bist du bestimmt dreißig Jahre alt?“
„Das wäre ja was!“ ruft Markus.

# Sascha findet einen Vogel

Eines Morgens hörte Sascha im Garten ein Piepsen.
Das kam von der Hecke.
Sascha lief gleich hin und sah einen kleinen Vogel.
Der war wohl aus dem Nest gefallen.
Auf einmal flog ein anderer Vogel
um seinen Kopf herum.
Er piepste und flatterte – wie verrückt.
„Das ist die Vogelmutter“, sagte Saschas Vater.
„Die will, daß du da weggehst.“
Vom Fenster aus sah Sascha dann,
wie die Vogelmutter immer wieder
um ihr Junges herumflog.

Am nächsten Morgen war der kleine Vogel weg.
„Vielleicht hat ihn die Katze geholt“,
sagte Saschas Vater.
„Vielleicht ist er aber auch wieder in seinem Nest“,
sagte Sascha.

# Pech gehabt

Auf einem großen Regenfaß
– sieh da, aha –
ein kleiner schwarzer Vogel saß,
der dort sein Futter fraß.

Doch plötzlich fiel er rein ins Faß
– oh weh, oh je –
und wurde blaß und pitschenaß.
Das war kein Spaß!

Dann rappelte er sich wieder raus
– soso, oho –
er schüttelte die Federn aus
und flog nach Haus.



ß

# Verlaufen

Yvonne ist allein in die Stadt gegangen.
Auf einmal hatte sie sich verlaufen.
Sie ging nach rechts, sie ging nach links.
Aber alles war ihr ganz fremd.
Sie konnte den Weg nach Hause nicht finden.

Da sah Yvonne ein Taxi.
„Ein Taxi bitte!“ sagte Yvonne.
Die Taxifahrerin fragte:
„Wohin soll es denn gehen?“
Yvonne sagte: „Max-Müller-Platz 12.
Ich habe mich nämlich verlaufen.“
„Kannst du denn auch bezahlen?“
fragte die Frau im Taxi.
„Ich nicht“, sagte Yvonne,
„das macht meine Mutter,
wenn ich wieder zu Hause bin.“

# Qualle

Yvonne hat in den Ferien am Strand
eine Qualle gefunden.
„Wie Wackelpudding“, sagte Sascha.
„Quackelpudding“, lachte Yvonne.
Sie taten die Qualle in einen Eimer.
Dann gingen sie zu ihrem Vater.
Der lag auf dem Bauch in der Sonne und schlief.
Yvonne legte die Qualle auf seinen Rücken.
Sascha tat noch etwas Sand darüber.
„Quackelpudding mit Zucker“, sagte er.
Als der Vater die Qualle spürte, sprang er auf.
„Macht doch keinen Quatsch!“ schrie er.
Die Mutter lachte.

Qu qu

Eines Tages sagte die Mutter:
„Wir könnten heute wandern."
„Oh!" rief Jutta.
„Dazu habe ich keine Lust!" rief Klaus.
„Euch wird es sicher Spaß machen.
Holt schon den Rucksack!" sagte die Mutter.
„Ach, dann soll es wohl wieder eine ganz lange Wanderung werden", stöhnte Klaus.
Nun lachte die Mutter:
„Da muß ich wohl am Grillplatz
allein Feuer machen und alle Würstchen
selbst aufessen!"

**Ja, wenn das so ist...**

Eu  eu

Ein Bagger, eine Raupe und ein Lastwagen fahren in den alten Garten nebenan.
Tim und sein Großvater stehen am Fenster und sehen zu.

„Der Bagger gräbt tiefe Löcher und macht alles kaputt!“ sagt Tim.
Der Großvater antwortet: „Ach nein, Tim.
Der Bagger räumt nur Steine weg.
Und die Raupe . . .“

Die Raupe fährt auf Bäume und Sträucher zu.
Die fallen um.
Dann kracht die Hütte ein.
Tim ist stumm vor Schreck.
Dann läuft er weinend aus dem Zimmer.

Äu äu

Daumen, bück dich,
Zeigefinger, knick nicht,
Langer, duck dich,
Ringfinger, zuck nicht,
Kleiner, streck dich.

Nüsse knacken,
Kuchen backen,
Plätzchen schmecken,
Zucker lecken,
und die kleinen Leckermäuler, die verpack
schnell in einem großen Sack.

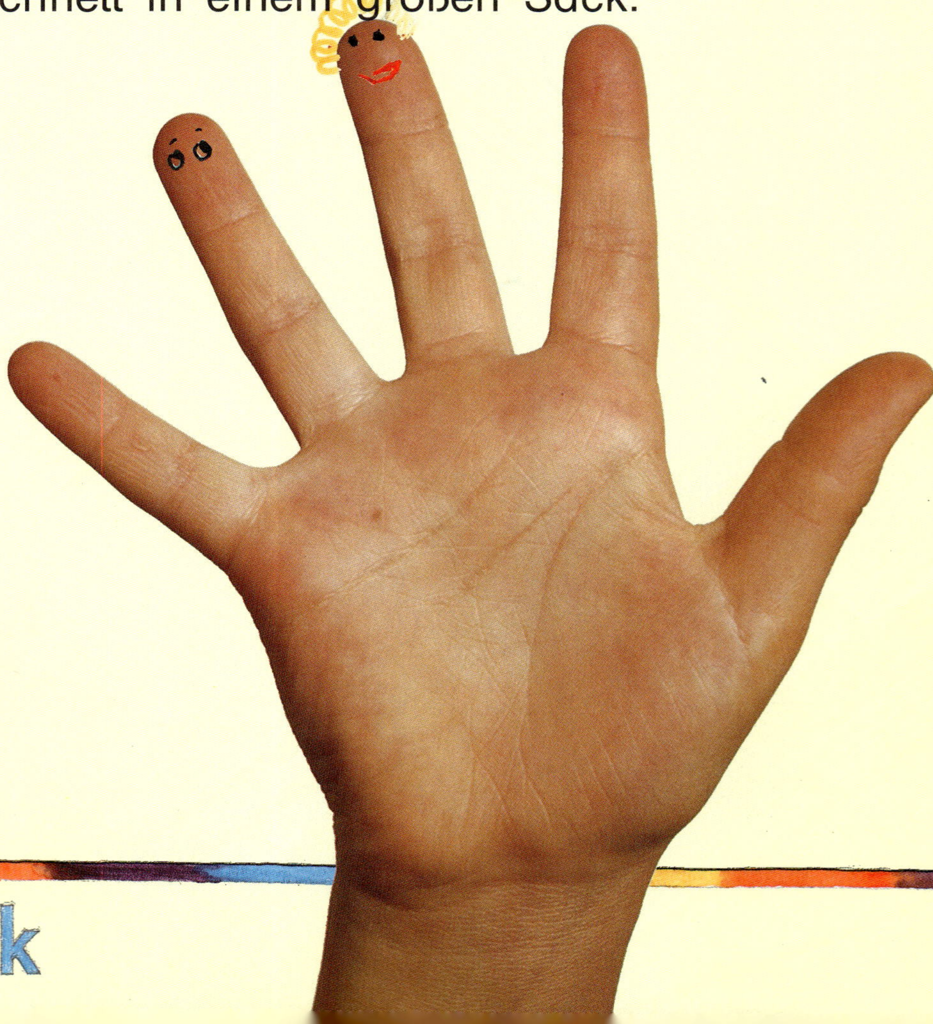

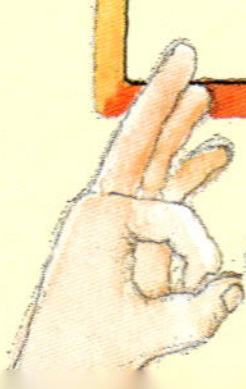

ck

| | |
|---|---|
| A B C D E | Herr Eisbär tanzt im Schnee. |
| F G H und I | Er tanzte wie noch nie. |
| J und K und L | Er tanzte furchtbar schnell. |
| M und N und O | Da fiel er auf den Po. |
| P und Q und R | Im Wasser liegt der Herr! |
| S T U und V | Es lachte seine Frau: |
| W X Y und Z | „Das war mal richtig nett!“ |

# Feste und Feiern

Sankt Martin und der Bettler

# Nikolaus

Nun kommt bald der 

zu dir in dein  .

Ist ein 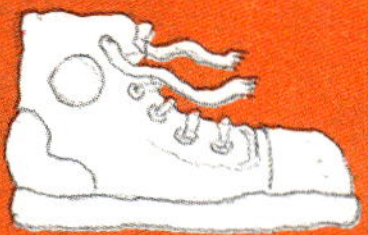 an deiner 

kommt der  zu dir.

Und auf einmal findest du

an der 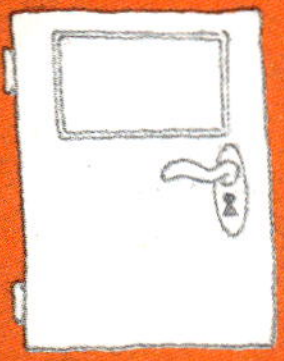 in deinem 

 ,  , 

und drei  .

In - mitten der Nacht, als Hirten er - wacht,
da hört man ein Klingen, ein fröhliches Singen.
Laßt zur Krippe uns gehn und das Kindlein an - sehn!

Das sind  und  .

Das ist das  von  und  .

In dem  ist ein  ,

an dem  sind  und  ,

und unter dem  ist ein  .

Was ist in dem  drin?

Ein  ?

Ein  ?

Ein  ?

Eine  ?

Oder?

Uta kommt als Katze,
Till hat eine Fratze,
als Postfrau kommt die Fine,
als Roboter Sabine,
als Zauberer kommt Bert,
und Kemal kommt als Pferd,
Anne spielt die feine Dame,
und dann ist noch ein Affe da.
Wie ist wohl sein Name?

# 1. April

Heute will Fine ihren Vater in den April schicken.
Der wird sich wundern, denkt sie.

Vater stellt am Morgen das Brot, die Marmelade
und die Eierbecher auf den Tisch.
Dann kocht er die Eier.
Fine ist schon sehr gespannt.
Vater pellt das Ei und streut sich Salz darauf.
„Igitt!“ schreit er. „Das Ei schmeckt ja so süß!“
Fine ruft: „April, April! Im Salzfaß,
da ist Zucker drin!“

Dann streicht sich Vater Marmelade aufs Brot.
„Brrrr!“ schreit er. „Die schmeckt ja nach Tomate!“
„Nochmal April!“ ruft Fine. „Im Marmeladenglas
ist Ketchup drin!“

„Na warte!“ lacht der Vater.
„Der Tag ist noch nicht zu Ende.“
„Ja, warte nur“, sagt Fine.
„Heute ist den ganzen Tag erster April!“

# Ein grünes Ei mit schwarzen Punkten

Endlich sind alle Ostereier versteckt:
Ein gelbes Ei liegt zwischen den Steinen
und ein blaues hinter der Mauer.
Ein rotes Ei ist auf dem Baum zu sehen.
Ein buntes ist im dichten Gras versteckt.
Auch ein grünes Ei mit schwarzen Punkten
ist dabei, aber wo?

Kerstin, Peter und Martina suchen überall
nach den Ostereiern.
Kerstin hebt das gelbe Ei auf.
Peter findet das blaue Ei hinter der Mauer.
Martina klettert auf den Baum
und holt das rote.
Und am Schluß tritt Kerstin fast
auf das bunte Ei im Gras.
Und das grüne Ei
mit den schwarzen Punkten?

# Frühlingskonzert

Ein Amselmännchen singt vom Mast,
ein andres ruft von einem Ast:
türü li,
türü la.

Die Spatzen unterm Dach hervor,
die lärmen laut im Spatzenchor:

tschilp tschilp tschilp,
tschilp tschilp tschalp.

Die Stare machen alles nach,
die Amsel und den Spatz vom Dach:
türü tschilp,
türü tschalp.

So zwitschert es von fern und nah,
der Frühling ist mal wieder da:
türü tschilp tschalp,
türü la.

Wer ist so klug, wer ist so schlau,
dem schüttle ich was vom Bäumchen,
ist innen gelb und außen blau,
hat mittendrin ein Steinchen.

Fünf Höhlen in einem Loch:
Rate: Was ist das doch?

Leicht wie eine Feder,
weich wie manches Leder,
weiß wie ein Ei,
bei Sonne geht's vorbei.
Rate, rate, rate das,
was im Winter macht viel Spaß.

Mit u  hab' ich vier Beine,
mit a  dann hab' ich keine.
Mit u  da kann ich bellen,
mit a  kann ich was stellen.
Mit u  hab' ich ein Fell,
mit a  da klatsch' ich schnell.

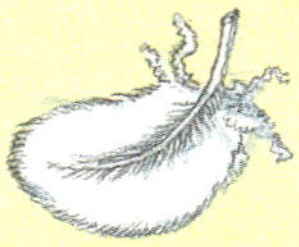

Mit H  ist's Wohnung mir.
Mit L  ein klitzekleines Tier.
Mit M  hat's spitze Zähne,
aber niemals eine Mähne.

# Zungenbrecher

Erst sitzen, dann flitzen.
Erst frieren, dann schwitzen.

Schneiderscheren schneiden scharf,
scharf schneiden Schneiderscheren.

*Zwischen zwei Bergen*
*zwitschern zwei Schwalben.*

Die Brigitte purzelt plärrend in das Becken,
in das Becken purzelt plärrend die Brigitte.

**Die Katze kratzt mit ihrer Tatze**
**am Teppich und an der Matratze.**

## Esel

Der Esel ist viel kleiner als das Pferd und hat lange Ohren. Wenn er schreit, klingt es wie iii-aaa. In einigen Ländern hilft der Esel den Menschen bei der Arbeit. Bei uns gibt es Esel fast nur noch im Zoo.

## Maultier

Das Maultier oder Muli ist das Junge von einer Pferdemutter und einem Eselvater. Es kann sehr gut klettern. Es hilft den Menschen im Gebirge, die schweren Lasten in die Berge zu schleppen. Auf einem Muli kann man auch gut reiten.

## Pferd

Das Pferd ist ein Haustier, man kann auf ihm reiten und es vor einen Wagen spannen. Das weiße Pferd nennt man ,,Schimmel", das schwarze ,,Rappen", das braune nennt man ,,Fuchs". Die Jungen von Pferden heißen Fohlen.

## Zebra

Zebras leben in Afrika in großen Herden. Weil sie so wild sind, kann man sie als Haustiere nicht gebrauchen. Das Fell des Zebras ist gestreift. Deswegen nennt man es auch Tigerpferd. Bei uns kannst du Zebras nur im Zoo sehen.

Aus einem Tierlexikon

# Kartoffel-Köpfe  mit Kresse

Auf einer Kartoffel kannst du
„Haare" aus Kresse wachsen lassen.
Schneide eine Kartoffel in der Mitte durch,
und streue Kressesamen darauf.
Nun stellst du deinen Kartoffelkopf
auf einer Papprolle ans Fenster.
Lege eine Folie über die Kartoffel.
Die Kartoffel muß schön feucht sein.
Besprühe sie jeden Morgen mit etwas Wasser.
Wenn der Kartoffelkopf kleine „Haare" hat,
dann nimm die Folie ab!
Die „Haare" wachsen und wachsen.
Ist die Kresse 5 cm hoch,
kannst du sie schneiden und essen.

# Schulwege

In Kanada gibt es Kinder, die jeden Morgen
von einem Flugzeug abgeholt werden.
Manche von ihnen fliegen über hundert Kilometer weit
bis zu ihrer Schule.

In Gegenden, in denen viel Schnee liegt,
treffen sich die Kinder des Dorfes morgens.
Sie laufen dann gemeinsam auf Schiern zur Schule.
Manche brauchen über eine Stunde für ihren Schulweg.

In Island reiten manche Kinder auf ihren Ponys zur Schule.
Die Ponys werden auf dem Schulhof angebunden.
Sie bringen nach dem Unterricht die Kinder nach Hause.

Es gibt auch Länder, in denen die Schulkinder
mit einem Boot zur Schule fahren, weil sie
an einem See, an einem Fluß oder auf einer Insel wohnen.

# Allein verreisen

Einmal fuhr Katja allein zu ihrem Onkel.
Ihre große Schwester brachte sie zum Zug.
Sie suchten einen Wagen,
Nichtraucher, 2. Klasse.

Katja hatte einen Platz am Fenster gefunden.
Bald hörte sie eine Stimme aus dem Lautsprecher,
dann Türenschlagen und einen lauten Pfiff.
Der Zug fuhr ab.

Da kam der Schaffner ins Abteil.
Katja zeigte ihre Fahrkarte.
Freundlich fragte der Schaffner:
,,Weißt du auch, wann du aussteigen mußt?''
,,Ich glaube schon'', antwortete Katja.
,,Na, ich komme dann noch einmal bei dir vorbei'',
sagte der Schaffner und ging weiter.

# Ein Kasperl-Spiel

Kasperl: Tri-tra-trallala, tri-tra-trallala.
Guten Tag, liebe Kinder!
Seht einmal, was ich gefunden habe:
ein Flugzeug aus Papier. Und das fliegt – hui!

Kasperl läßt das Flugzeug fliegen.
Die Kinder bringen es dem Kasperl zurück.
Da kommt Seppel.

Seppel: Wo ist denn nur mein Flugzeug?
Kasperl: Ah, guten Tag, Seppel!
Sieh mal! Ich habe einen tollen Flieger.
Seppel: Laß mich in Ruhe!
Kasperl: Magst du keine Glufzeuge, äh . . . Zugfleuge,
nein – Flugzeuge?
Seppel: Doch, sehr gern sogar.
Kasperl: Na, dann sieh her, wie mein Flugzeug fliegt!
Seppel: Das ist ja gar nicht dein Flugzeug.
Ich habe es gebaut. Es gehört mir.
Also, gib es her!

Kasperl: Jetzt gehört es mir!
Seppel: Nein! Es gehört mir. Gib es mir zurück!
Kasperl: Nein, ich behalte es.

Kasperl und Seppel streiten sich um das Flugzeug.
Sie reißen am Flugzeug.
Da geht das Flugzeug kaputt. Seppel weint.

Seppel: Hu, hu, mein schönes Flugzeug!
Kasperl, du hast es kaputtgemacht.
Mit dir will ich nicht mehr spielen.
Du bist nicht mehr mein Freund!
Kasperl: Nun heul doch nicht!

Ich habe eine tolle Idee...

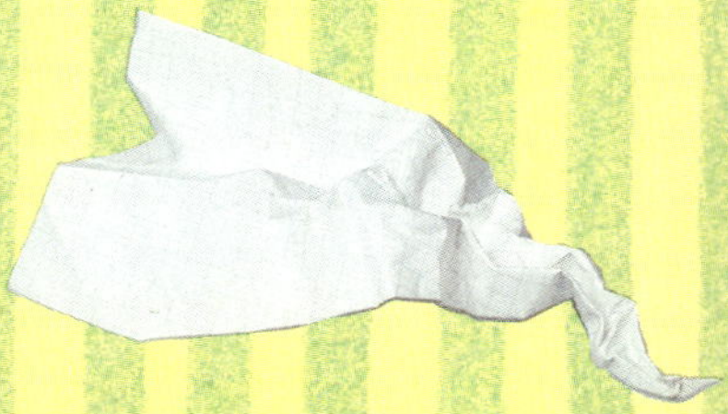

Ein Märchen zum Vorlesen

# Das Lumpengesindel

Hähnchen sprach zum Hühnchen: ,,Die Nüsse sind reif, wir wollen auf den Berg gehen und uns satt daran essen.'' Sie gingen zusammen fort und blieben bis zum Abend. Sie wollten aber nicht zu Fuß nach Hause gehen. So mußte Hähnchen einen Wagen aus Nußschalen bauen. Als er fertig war, gerieten sie in Streit, wer den Wagen ziehen sollte.

Wie sie so stritten, schnatterte eine Ente daher: ,,Ihr Diebe, wer hat euch erlaubt, in meinen Nußberg zu gehen? Das soll euch schlecht bekommen!'' Und sie ging auf Hähnchen los.

Aber Hähnchen war auch nicht faul. Er hackte die Ente, daß sie um Gnade bat und sich vor den Wagen spannen ließ. Hähnchen setzte sich auf den Bock und war Kutscher. Und nun ging es fort im Galopp: ,,Ente lauf, was du kannst!''

Unterwegs trafen sie zwei Fußgänger, eine Stecknadel und eine Nähnadel. Da es magere Leute waren, ließ Hähnchen sie beide einsteigen. Doch mußten sie versprechen, ihm nicht auf die Füße zu treten.

Spät am Abend kamen sie in ein Wirtshaus. Der Wirt sagte, daß sein Haus schon voll sei. Sie versprachen ihm aber die Ente und auch das Ei, das Hühnchen unterwegs gelegt hatte. Also gab der Wirt nach. Sie ließen sich bewirten und lebten in Saus und Braus.

Früh am Morgen, als noch alles schlief,
weckte Hähnchen das Hühnchen, holte das Ei,
und sie aßen es zusammen auf.
Die Schalen aber warfen sie auf den Feuerherd.
Dann gingen sie zur Nähnadel, die noch schlief,
und steckten sie in das Sesselkissen des Wirts.
Die Stecknadel steckten sie in sein Handtuch.
Darauf flogen sie, mir nichts dir nichts,
über die Heide davon. Die Ente hörte sie fortschnurren.
Sie machte sich auf und schwamm den Bach hinunter.

Ein paar Stunden danach stieg der Wirt aus den Federn,
wusch sich und wollte sich am Handtuch abtrocknen.
Da zerkratzte er sich das Gesicht mit der Stecknadel.
Dann ging er in die Küche
und wollte sich eine Pfeife anstecken.
Wie er aber an den Herd kam,
da sprangen ihm die Eierschalen in die Augen.
„Heute morgen trifft alles meinen Kopf", sagte er
und setzte sich ärgerlich in seinen Sessel. Auweh!
Da war er noch schlimmer getroffen von der Nähnadel –
und nicht am Kopf. Da wurde er böse.
Er hatte gleich die Gäste im Verdacht,
die so spät gestern abend gekommen waren.
Wie er aber nach ihnen sah, waren sie fort.
Da tat er einen Schwur, kein Lumpengesindel mehr
in sein Haus zu nehmen, das solchen Schabernack treibt.

Erzählt nach den Brüdern Grimm

# Plusteback

Das ist der Hamster Plusteback,
der treibt so manchen Schabernack.

Mit List er aus dem Käfig schlüpft,
ist gleich vom Stuhl hinabgehüpft,

verkriecht sich da der Schlingel doch
unter dem Teppich – in einem Loch

und bleibt die nächsten beiden Stunden
– verschwunden.

Das ist der Hamster Plusteback,
der treibt so manchen Schabernack.

Wolfgang Menzel

Das ist der Hamster Plusteback,
der treibt so manchen Schabernack.

Er läuft aus seinem Haus heraus
und sucht sich was zum Knabbern aus.

Auf dem Tisch vorn sieht er Hefte liegen,
hei, die müßte man ja kriegen!

Er knabbert an den Heften rum,
da kommt der Lehrer, das ist dumm!

Das ist der Hamster Plusteback,
der treibt so manchen Schabernack.

Nachgedichtet
von Kindern

Das ist der Hamster Plusteback,
der treibt so manchen Schabernack.

Er klettert auf die Fensterbank,
es sieht ihn keiner, Gott sei Dank!

Dann rutscht er wieder runter
und wird auf einmal munter,

denn mit einem lauten Knallen
sind die Blumentöpfe runtergefallen.

Das ist der Hamster Plusteback,
der treibt so manchen Schabernack.

Das ist der Hamster Plusteback,
der treibt so manchen Schabernack.

Du spielst mit ihm und paßt nicht auf,
da klettert er aufs Dach hinauf.

Von oben frech er runterguckt,
den Leuten auf die Köpfe spuckt.

Das ist der Hamster Plusteback,
der treibt so manchen Schabernack.

# Eine Maus sucht einen Freund

Es war einmal eine kleine Maus.
Die hatte eine kleine Wohnung, aber keinen Freund.
Zuerst fragte sie die Giraffe:
„Liebe Giraffe, willst du mein Freund sein?“
Die Giraffe schüttelte den Kopf:
„Nein, dein Freund kann ich nicht sein.
Du bist mir viel zu klein. Oder kannst du im Stehen
Blätter von den Bäumen fressen?“
„Nein, dafür bin ich wirklich zu klein.“

Da ging die Maus weiter und kam zum Elefanten.
„Lieber Elefant, willst du mein Freund sein?“
Der Elefant schüttelte den Kopf:
„Nein, dein Freund kann ich nicht sein.
Von meinem Getrampel würde dir das Trommelfell platzen.“
Da wurde die Maus traurig. Sie fragte sich:
„Zu wem husche ich jetzt?“
Zum Löwen? Zum Krokodil? Zum Fisch? Zum Hasen? Zum . . .?

# Mako 1

Ich möchte euch eine Geschichte von Mako erzählen.
Mako ist ein lustiger und lieber Kerl.
Eigentlich sollte er den ganzen Tag
still auf einem Sockel im Museum stehen,
aber das gefällt ihm nicht immer.
Er langweilt sich manchmal, nur manchmal,
wenn lange Zeit keine Besucher kommen.
Meistens ist er fröhlich. Aber manchmal ist er auch böse.
Die Putzfrau mag er nicht. Sie hat einen Staubwedel
und putzt Mako damit die Ohren.
Das tut sie besonders gern, wenn Besucher da sind.
Mako kann dann nicht verstehen, was die Besucher erzählen.
Dabei ist er so neugierig. Er möchte wissen,
was draußen in der Welt geschieht.
Wenn die Putzfrau an seiner Nase Staub wischt,
niest Mako. „Wer niest hier?" fragt die Putzfrau.
Mako steht unbeweglich. Er will sich nicht verraten.

## 2

Die Kinder aus der ersten Klasse besuchen das Museum.
Sie bleiben vor Mako stehen.
„Der sieht recht seltsam aus", sagt ein Schüler.
„Das ist ein Dinosaurier", sagt Frau Meier, die Lehrerin.
Die Kinder wollen gern länger bei Mako bleiben,
aber es geht schon weiter. Frau Meier sagt:
„Kommt Kinder! Es gibt noch viel zu sehen."
Die Kinder gehen weiter.
Da steigt Mako vom Sockel herunter
und schließt sich den Kindern an.
Er klopft einem Mädchen auf die Schulter und sagt:
„Ich komme mit."
Da schreit das Mädchen erschrocken:
„Frau Meier, Frau Meier!"
„Guten Tag", sagt Mako.
„Guten Tag", sagen die Kinder.

„I-i-i-ich glaube, wir haben uns schon einmal gesehen“,
sagt Frau Meier zu Mako.
„Gesehen schon“, sagt Mako,
„aber wir sollten uns näher kennenlernen.“

Zuerst stellt sich Mako vor:
„Ich heiße Tyrannosaurus rex. Für Freunde heiße ich Mako.“
Alle Kinder geben Mako die Hand und sagen ihren Namen.
Dann geht Mako zum Museumsführer, zupft ihn am Ärmel
und sagt: „Sie gehören ja auch zum Museum.
Vertreten Sie mich bitte für ein paar Stunden!“
Der Museumsführer steigt auf den Sockel,
und Mako geht mit den Kindern mit.

## 3

Die Kinder verlassen mit Mako das Museum.
An einer Ampel bleiben sie stehen.
Mako will bei Rot über die Straße.
„Bei Rot darf man nicht über die Straße“,
sagt ein Junge. „Warum nicht?“ fragt Mako.
„Warum dürfen die bunten Käfer auf der Straße krabbeln?“
„Die bunten Käfer sind Autos“, sagen die Kinder.
„Jetzt ist für die Autos Grün, darum dürfen sie fahren.
Wir dürfen auch nur bei Grün die Straße überqueren.“
„Die Welt hat sich seit meiner Jugend stark verändert“,
sagt Mako nachdenklich.
„Wie alt bist du denn, Mako?“ fragen die Kinder.
„Alt, uralt“, sagt Mako.
„Los!“ ruft Frau Meier. „Die Ampel zeigt Grün.“
Auf der anderen Seite verkauft ein Mann Zuckerwatte.
Die Kinder kaufen Zuckerwatte. Mako darf davon kosten.
„Das schmeckt gut“, sagt er.
Er streckt eine Hand in den Kiosk hinein,
um sich Zuckerwatte zu holen.
Der Zuckerwatte-Mann wird blaß vor Schreck.
„Mein Gott!“ sagt er. „Was ist das?“
„Das ist Mako“, sagen die Kinder und lachen.

# 4

Plötzlich ist Mako verschwunden. Die Kinder suchen ihn. Wo kann er nur geblieben sein? Das Suchen nützt nichts. Vielleicht ist er ins Museum zurückgegangen. Die Kinder gehen noch einmal ins Museum. Mako sitzt auf seinem Sockel und ruht sich aus.
„Da bist du ja!“ sagen die Kinder.
„Wir haben dich überall gesucht.“
„Ich habe mich verlaufen“, sagt Mako.
„Ich habe mich dann bis zum Museum durchgefragt, und jetzt ruhe ich mich aus.“
„Wie gut, daß wir dich gefunden haben!“ sagen die Kinder. Dann müssen sie sich aber von Mako verabschieden. Eine Schülerin bleibt ein wenig zurück, und nur sie sieht zwei dicke Tränen auf Makos Wangen.
„Die Kinder haben mir so gut gefallen“, schnieft er.
„Sei nicht traurig!“ sagt das Mädchen. „Im nächsten Jahr kommen wir wieder. Ein Jahr vergeht schnell!“
„Du hast recht“, sagt Mako. „Was ist schon ein Jahr für einen Dinosaurier!“
Und dann zwinkert er dem kleinen Mädchen zu.

Erzählt von Karin Gündisch

Das ist Karin Gündisch.
Sie hat für euch die Geschichte von Mako geschrieben. Das ist nur eine kurze Geschichte.
Karin Gündisch hat aber auch Bücher geschrieben. Für eines ihrer Kinderbücher hat sie einen Preis bekommen.
Karin Gündisch hat zwei Kinder. Denen liest sie ihre Geschichten immer zuerst vor.

Wenn ihr andere Geschichten von Karin Gündisch lesen wollt, so findet ihr sie in einer der Kinderzeitschriften.
In solchen Zeitschriften gibt es auch Rätsel, Basteltips, Bildergeschichten, Gedichte und Poster.
Unsere Geschichte vom Hamster Plusteback stammt zum Beispiel auch aus einer Kinderzeitschrift.

**Quellen**

S. 5 links: Foto fm; S. 35: Foto Franz Palkovic; Bildagentur Mauritius, Mittenwald
S. 5 rechts, 15 (6 Fotos), 22: Foto Dieter Rixe, Braunschweig
S. 12: Foto Widmann; Bavaria, Gauting
S. 19: Foto Borner; S. 80, 2. Foto: Tierbilder Okapia, Frankfurt/M.
S. 30, 48: Foto Angelika Schuberg, Bremen
S. 37, 49, 90: Schülerarbeiten der Klasse 1b der Don-Bosco-Schule, Lutten
S. 40/41 (4 Fotos): Birnbaum, Foto Kalt; S. 80, 3. Foto: Foto Meyers; ZEFA, Düsseldorf
S. 52 (6 Fotos), 53 unten, 64, 68, 72, 73, 81: Foto Hannes Helfer, Bremen
S. 66: Foto Jürgen Baurmann, Vechta
S. 70: Tafelgemälde des Hochaltars der Schwabacher Stadtkirche St. Martin
S. 72: Krippenfiguren; Haus der Lebenshilfe, Abbenrode Kr. Braunschweig
S. 80, 1. Foto: Foto Amberg; Bildagentur Prenzel, München
S. 80, 4. Foto: Foto Muhl; Anthony Verlag, Starnberg
S. 81: nach Sabine Lohf; in: spielen und lernen, Jahrbuch 1983, Velber Verlag, Seelze
S. 84/85: Hohnsteiner Werkstatt, Ottilie Kürschner, Essen; Foto: Hannes Helfer, Bremen
S. 88: Sabine Lohf; aus: spielen und lernen, Heft 5/1980, Velber Verlag, Seelze
S. 91: Karin Gündisch, Mako; Originalbeitrag
S. 94 oben: Foto Alexa Gelberg, Weinheim
S. 94 unten links: spielen und lernen, Heft 2/1985, Velber Verlag Seelze; Titel: Detlef Kersten
S. 94 unten rechts: DER BUNTE HUND 10/1985, Bildermagazin für Kinder in den besten Jahren, Beltz Verlag, Weinheim und Basel, Programm Beltz & Gelberg; Umschlag: Wolfgang Rudelius; Umschlagbild: Andreas Röckener